ARABIC ALPHABET

WRITE AND LEARN

WORKBOOK

كراس الحروف

Dear Valued Customer,

Thanks for being awesome,
We hope you enjoy this book!
If you do, please consider leaving us a review on amazon.com
Your feedback is extremely valuable to us and We are forever grateful for
your support.

تخطيط
بإستعمال قلم الرصاص قم بإتمام رسم الخطوط التالية

تخطيط وتلوين

باستعمال قلم الرصاص قم بإتمام رسم الأشكال التالية وتلوينها

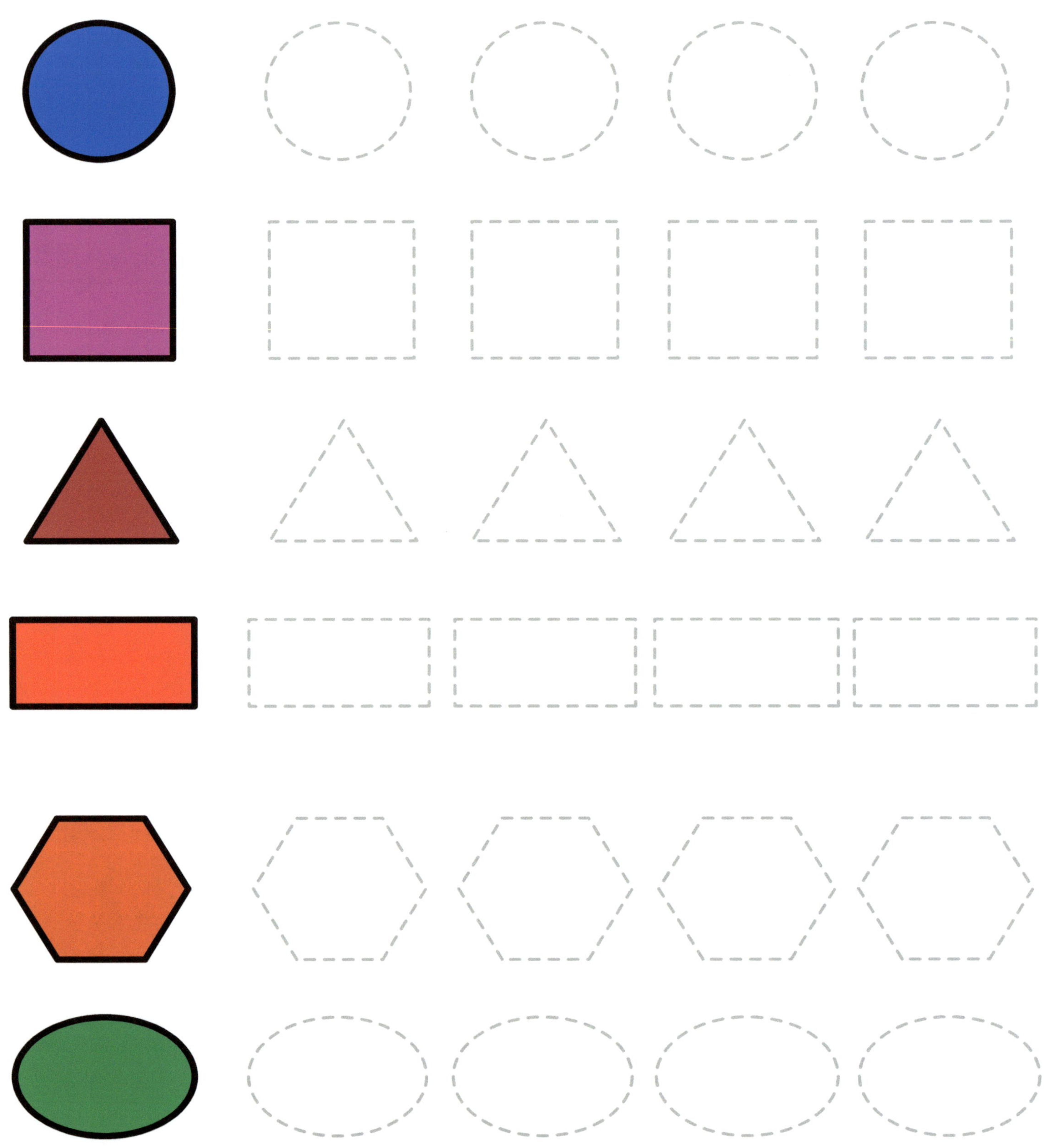

ا أ

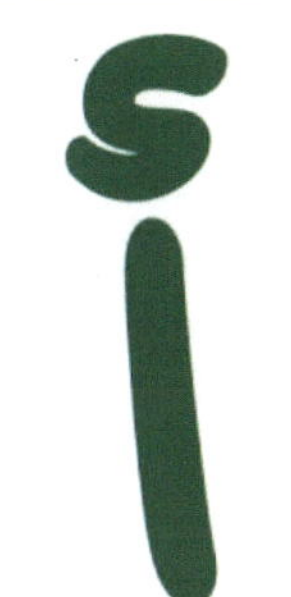

حرباء

فأر

أرنب

– أكمل كتابة الحروف التالية –

ا	ا ا ا ا ا ا ا ا
أ	أ أ أ أ أ أ أ أ
ء	ء ء ء ء ء ء ء ء
ئـ	ئـ ئـ ئـ ئـ ئـ ئـ ئـ
أرنب	أرنب أرنب أرنب أرنب أرنب أرنب

ثعلب

خبز

بقرة

– أكمل كتابة الحروف التالية –

ب	ب
ب	ب
بـ	بـ
ب	ب
بقرة	بقرة

عنكبوت

ثعبان

تنين

– أكمل كتابة الحروف التالية –

ت	ت ت ت ت ت ت ت ت
ـت	ـت ـت ـت ـت ـت ـت ـت ـت
ـتـ	ـتـ ـتـ ـتـ ـتـ ـتـ ـتـ ـتـ ـتـ
ت	ت ت ت ت ت ت ت ت
تنين	تنين تنين تنين تنين تنين تنين تنين تنين

مثلث

مثلجات

ثور

– أكمل كتابة الحروف التالية –

	ث
ثـ ثـ ثـ ثـ ثـ ثـ ثـ ثـ ثـ	ثـ
ـثـ ـثـ ـثـ ـثـ ـثـ ـثـ ـثـ ـثـ	ـثـ
ـث ـث ـث ـث ـث ـث ـث ـث	ـث
ثور ثور ثور ثور ثور ثور ثور	ثور

حرف الجيم

ج

جزرة

شجرة

تزلج

– أكمل كتابة الحروف التالية –

ج	جـ جـ جـ جـ جـ جـ جـ جـ جـ
جـ	ـج ـج ـج ـج ـج ـج ـج ـج ـج
ـجـ	ـجـ ـجـ ـجـ ـجـ ـجـ ـجـ ـجـ
ج	ج ج ج ج ج ج ج ج ج
جزر	جزر جزر جزر جزر جزر جزر جزر

تسلية

أكمل الرسم بالربط بين الأرقام تصاعديا ولون الرسم

ساعد النحلة لتجد الطريق للعسل

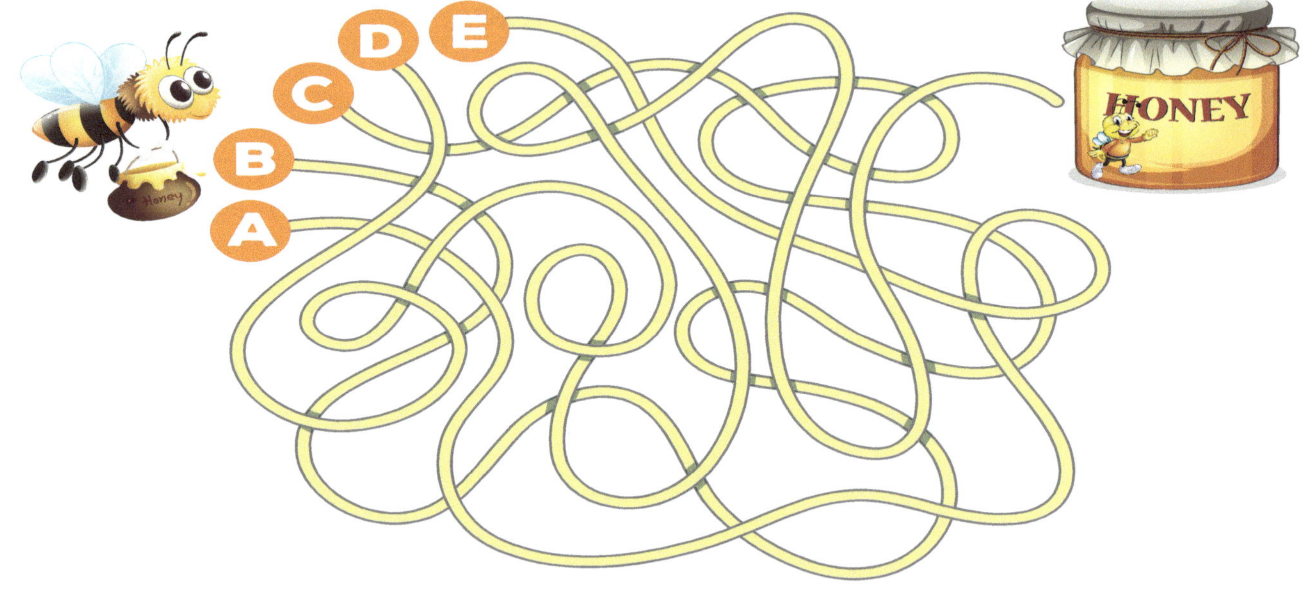

قوس قزح

لحم

حلوى

- أكمل كتابة الحروف التالية -

ح	
حـ	
ـحـ	
ـح	
حلوى	حلوى

خ

صاروخ

نخلة

خروف

– أكمل كتابة الحروف التالية –

خ

خ

ﺨ

خ

خروف

منطاد

هدية

دب

– أكمل كتابة الحروف التالية –

د

د

ـد

ـد

دب

تلميذ

مذياع

ذبابة

– أكمل كتابة الحروف التالية –

	ذ
ذ ذ ذ ذ ذ ذ ذ ذ	ذ
ذ ذ ذ ذ ذ ذ ذ ذ	ذ
ـذ ـذ ـذ ـذ ـذ ـذ ـذ ـذ	ـذ
ـذ ـذ ـذ ـذ ـذ ـذ ـذ ـذ	ـذ
ذبابة ذبابة ذبابة ذبابة ذبابة	ذبابة

ر

فطر

طائرة

رمان

— أكمل كتابة الحروف التالية —

ر

ر

ﺮ

ﺮ

رمان

رمان رمان رمان رمان رمان

تسلية

ايها الرسام الصغير لون السيارات الجميلة

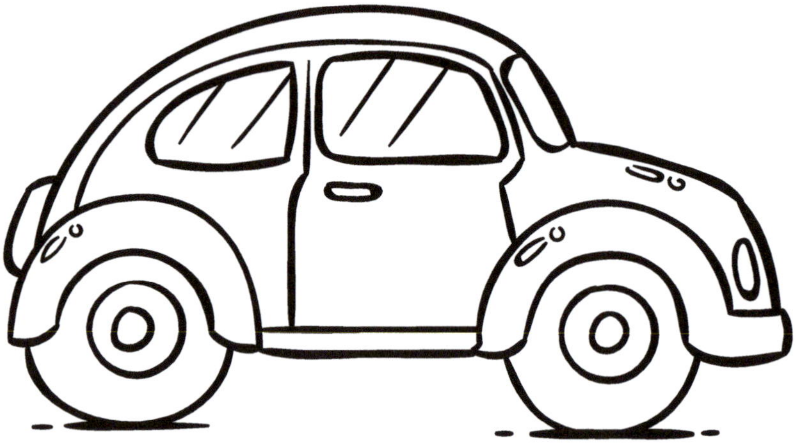

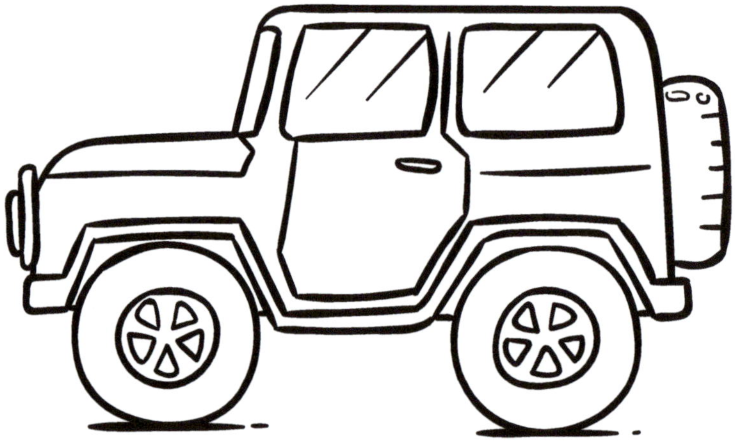

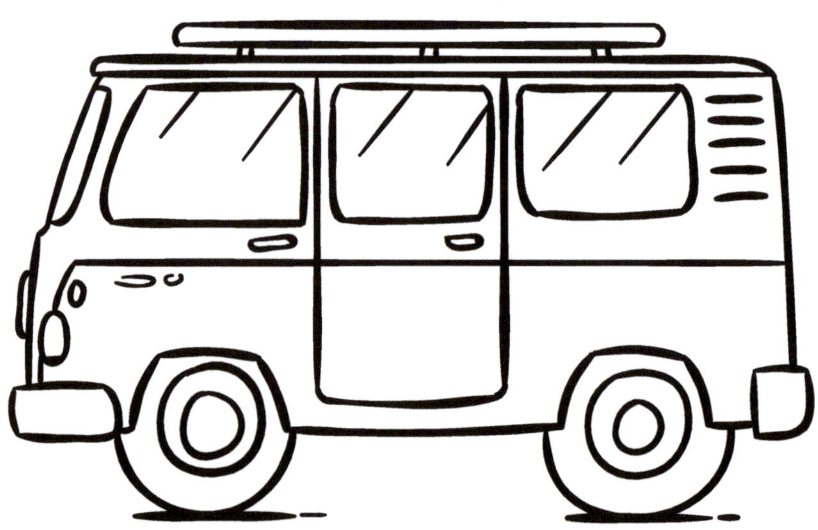

حرف الزاي

ز

زرافه

غزاله

كنز

– أكمل كتابة الحروف التالية –

ز	ز ز ز ز ز ز ز
ز	ز ز ز ز ز ز ز
ـز	ـز ـز ـز ـز ـز ـز ـز
ـز	ـز ـز ـز ـز ـز ـز ـز
زرافه	زرافه زرافه زرافه زرافه زرافه

حرف السين

طاووس

تمساح

سلحفاة

‒ أكمل كتابة الحروف التالية ‒

	س
سـ سـ سـ سـ سـ سـ سـ سـ	ســ
ـــ ـــ ـــ ـــ ـــ ـــ ـــ	ـــ
ـس ـس ـس ـس ـس ـس ـس ـس	ـس
سلحفاة سلحفاة سلحفاة سلحفاة	سلحفاة

ش

قر**ش**

من**ش**فة

شاحنة

- أكمل كتابة الحروف التالية -

ش ش ش ش ش ش ش ش	ش
ﺷ ﺷ ﺷ ﺷ ﺷ ﺷ ﺷ	ﺷ
ـش ـش ـش ـش ـش ـش ـش	ـش
ش ش ش ش ش ش ش	ش
شاحنة شاحنة شاحنة شاحنة شاحنة	شاحنة

ص

صيصان   حصان   مقص

– أكمل كتابة الحروف التالية –

ص	ص ص ص ص ص ص ص
صـ	صـ صـ صـ صـ صـ صـ
ـصـ	ـصـ ـصـ ـصـ ـصـ ـصـ ـصـ
ص	ص ص ص ص ص ص ص
صيصان	صيصان صيصان صيصان

بيض

خضر

ضفدع

- أكمل كتابة الحروف التالية -

| ض |
| ضـ |
| ـضـ |
| ض |
| ضفدع |

تسلية

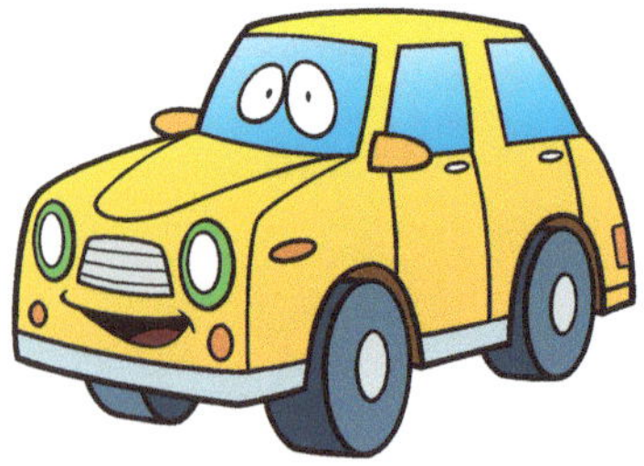

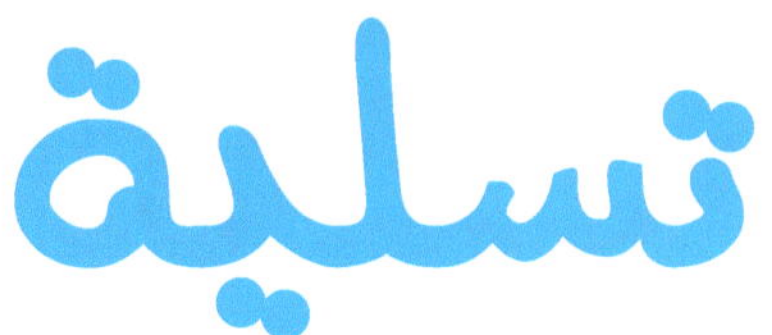

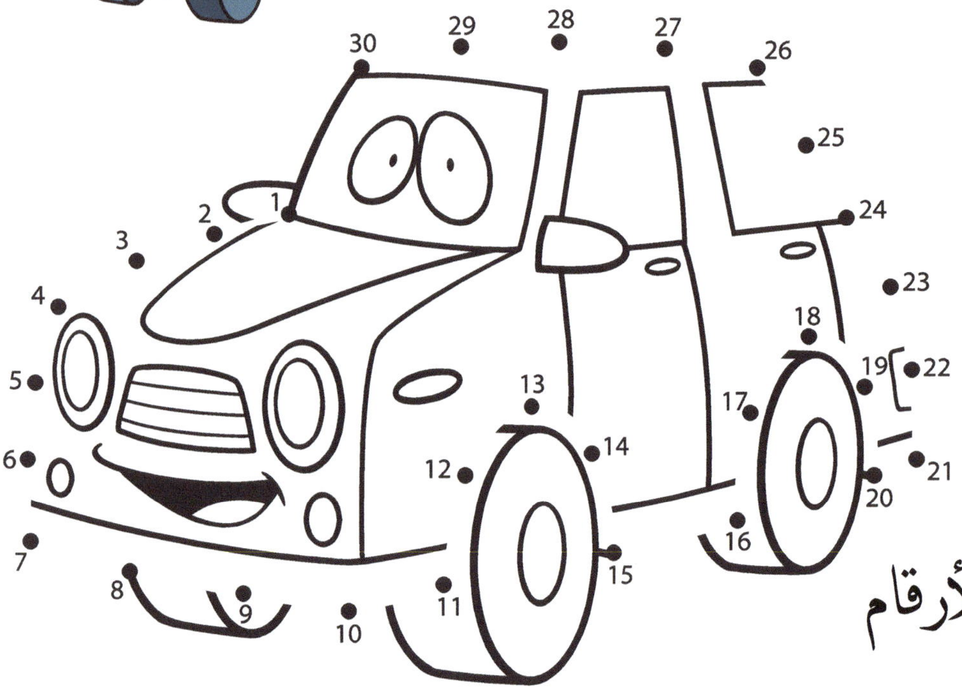

اكمل الرسم بالربط بين اللأرقام
تصاعديا ولون الرسم

ساعد البنت للعودة لأمها

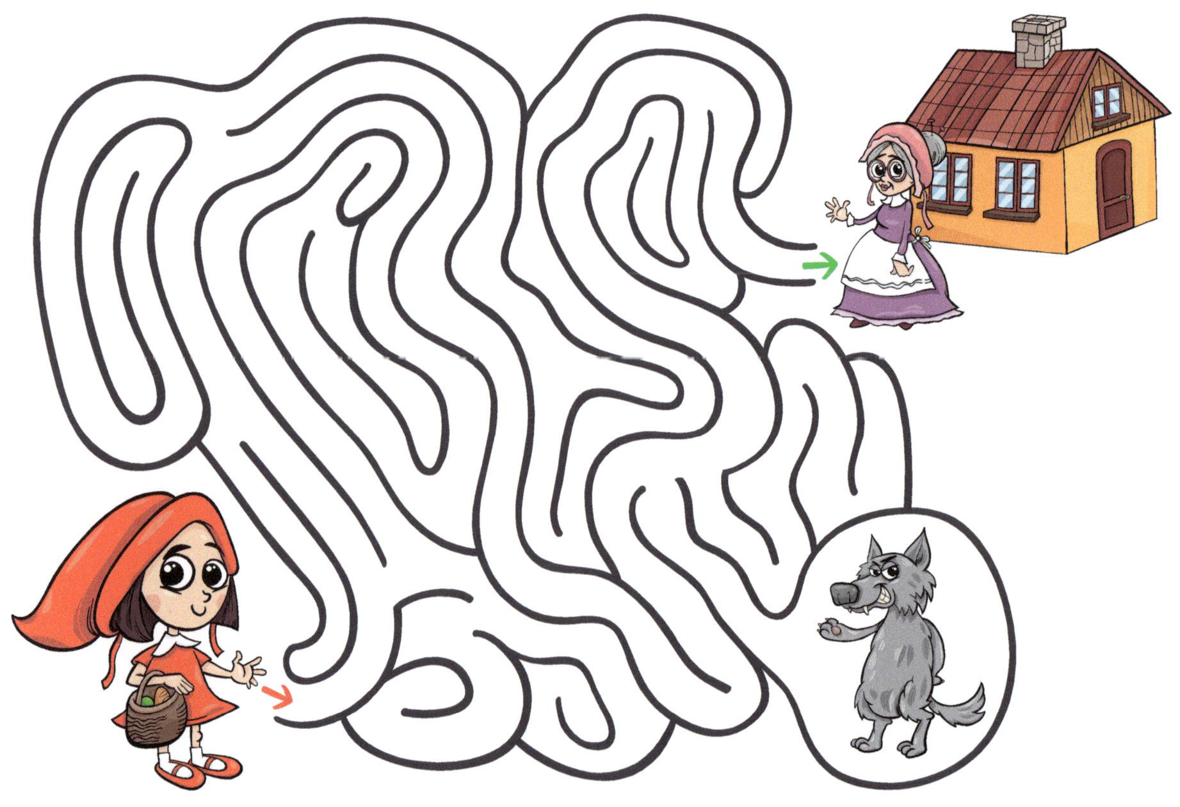

قط

بطه

طيار

– اكمل كتابة الحروف التالية –

ط

ط

ط

ط

طيار

محافظ

مظله

ظرف

– أكمل كتابة الحروف التالية –

ظ ظ ظ ظ ظ ظ ظ ظ

ظ ظ ظ ظ ظ ظ ظ ظ

ظ ظ ظ ظ ظ ظ ظ ظ

ظ ظ ظ ظ ظ ظ ظ ظ

ظرف ظرف ظرف ظرف ظرف ظرف ظرف

ع

عصير

رضيع — لعبة — عصير

- أكمل كتابة الحروف التالية -

	ع
ع ع ع ع ع ع ع	ع
ع ع ع ع ع ع	ـع
ع ع ع ع ع ع	ـعـ
ع ع ع ع ع ع	عـ
عصير عصير عصير عصير عصير	عصير

دماغ

ببغاء

غساله

– أكمل كتابة الحروف التالية –

غ	غ غ غ غ غ غ
ﻐ	ﻐ ﻐ ﻐ ﻐ ﻐ ﻐ
ﻐ	ﻐ ﻐ ﻐ ﻐ ﻐ ﻐ
غ	غ غ غ غ غ غ
غساله	غساله غساله غساله غساله غساله

ف

فراشة   عصفور   هاتف

– أكمل كتابة الحروف التالية –

ف	ف ف ف ف ف ف
ف	ف ف ف ف ف ف
ف	ف ف ف ف ف ف
ف	ف ف ف ف ف ف
فراشة	فراشة فراشة فراشة فراشة

تسلية
لون الرسم

حرف القاف

نفق

عقرب

قطار

— أكمل كتابة الحروف التالية —

ق		
ق		
قـ		
ق		
قطار		

ديك

سمكة

كلب

– أكمل كتابة الحروف التالية –

ك	اك اك اك اك اك
ک	ک ک ک ک ک ک ک ک
کـ	کـ کـ کـ کـ کـ کـ کـ کـ کـ کـ
ـك	ـك ـك ـك ـك ـك ـك
كلب	كلب كلب كلب كلب كلب

ل

عسل

قلب

ليمون

– أكمل كتابة الحروف التالية –

ل	ل ل ل ل ل ل ل ل
ـل	ـل ـل ـل ـل ـل ـل ـل
ـلـ	ـلـ ـلـ ـلـ ـلـ ـلـ ـلـ ـلـ
لـ	لـ لـ لـ لـ لـ لـ
ليمون	ليمون ليمون ليمون ليمون ليمون

م

– أكمل كتابة الحروف التالية –

م	م م م م م م م م
م	م م م م م م م م
ـم	ـم ـم ـم ـم ـم ـم ـم
مـ	مـ مـ مـ مـ مـ مـ مـ
مصباح	مصباح مصباح مصباح مصباح مصباح مصباح

حصان

سنجاب

نظارة

- أكمل كتابة الحروف التالية -

ن

نـ

ـنـ

ـن

نظارة

تسلية

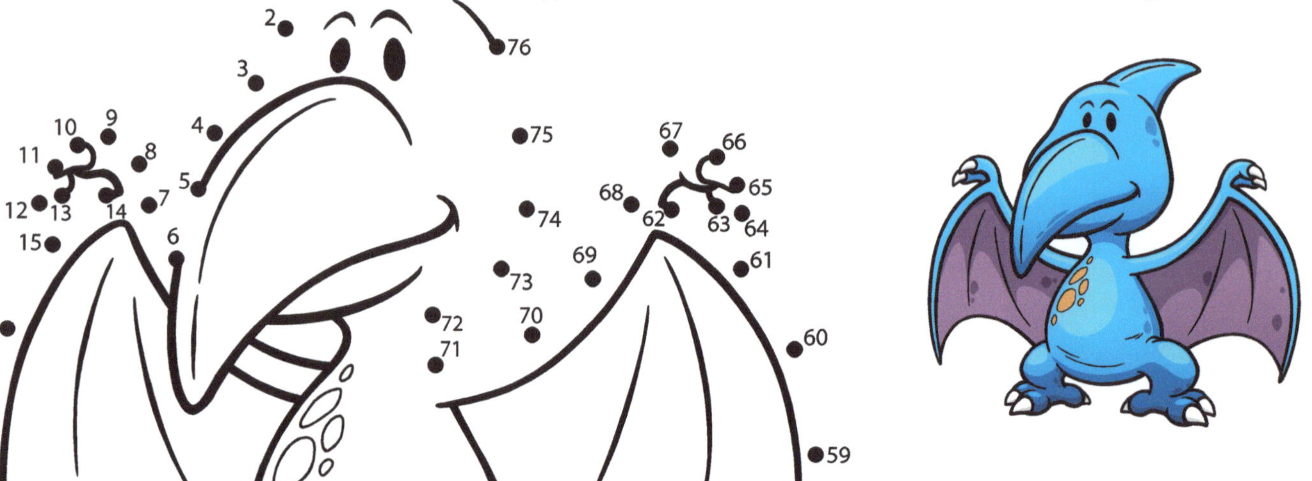

اكمل الرسم بالربط بين اللأرقام تصاعديا ولون الرسم

ساعد المزارع ليجد الطريق لمزرعته

ه

منبه

مهرج

هلال

- أكمل كتابة الحروف التالية -

ه	
ه	
ﻬ	
ﻪ	
هلال	هلال هلال هلال هلال هلال

حرف الواو

– أكمل كتابة الحروف التالية –

و	و	و	و	و	و	و	و
و	و	و	و	و	و	و	و
و	و	و	و	و	و	و	و
و	و	و	و	و	و	و	و
ورد	ورد	ورد	ورد	ورد			

يعسوب

فيل

كرسي

– أكمل كتابة الحروف التالية –

ي	
ـ	
ـ	
ي	
يعسوب	

لوّن الرسم

للأذكياء
شهادة تقدير
الإسم /
أبدعت عندما جعلت شعارك انا أستطيع
لقد أتممت كتاب الحروف بتقدير